人生は人との出会い、
そして、
言葉との出会いで決まる

CONTENTS

第２章
あなたに幸運をもたらす、人を認めてあげる言葉

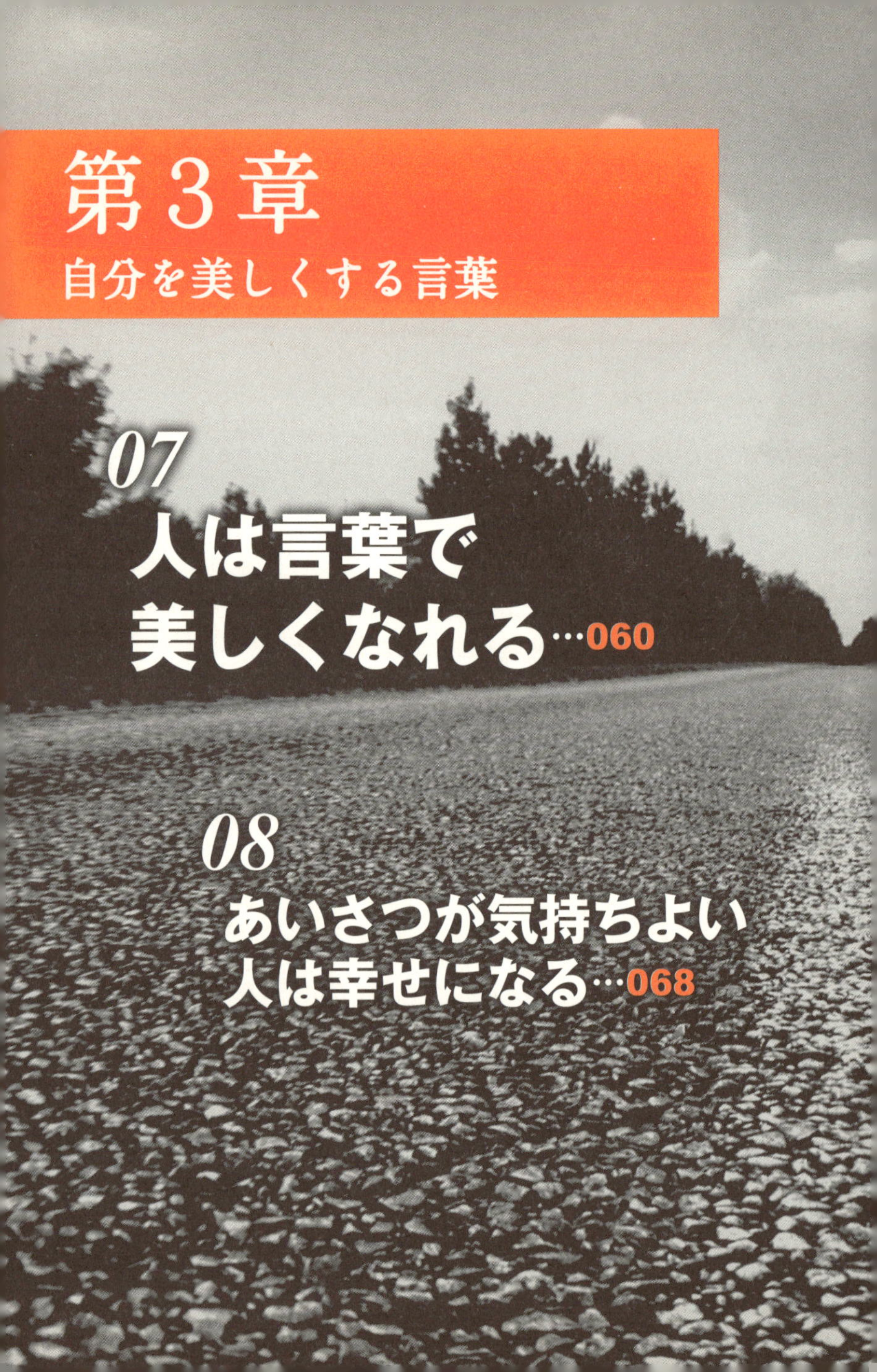

第3章
自分を美しくする言葉

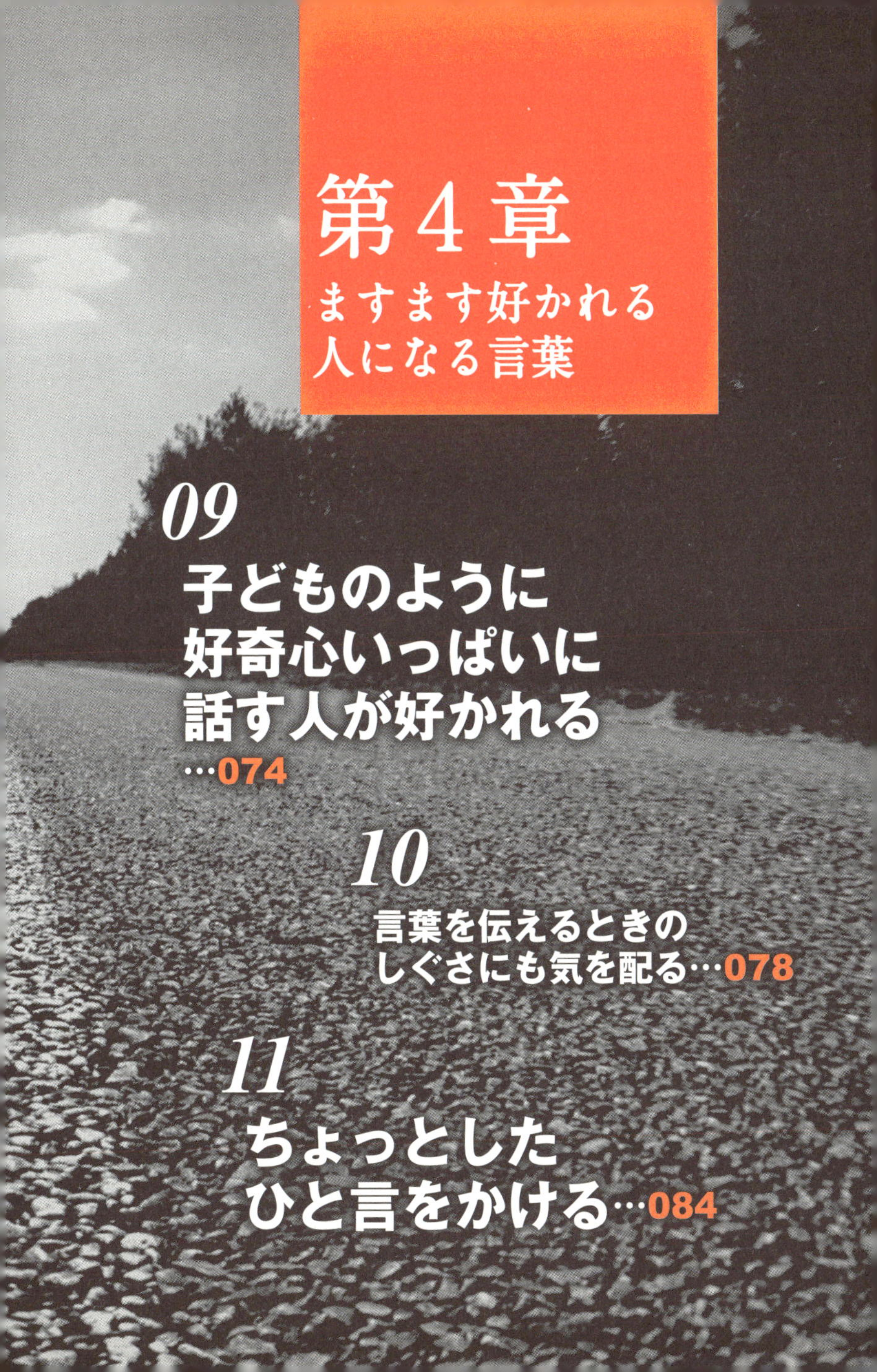

第4章
ますます好かれる人になる言葉

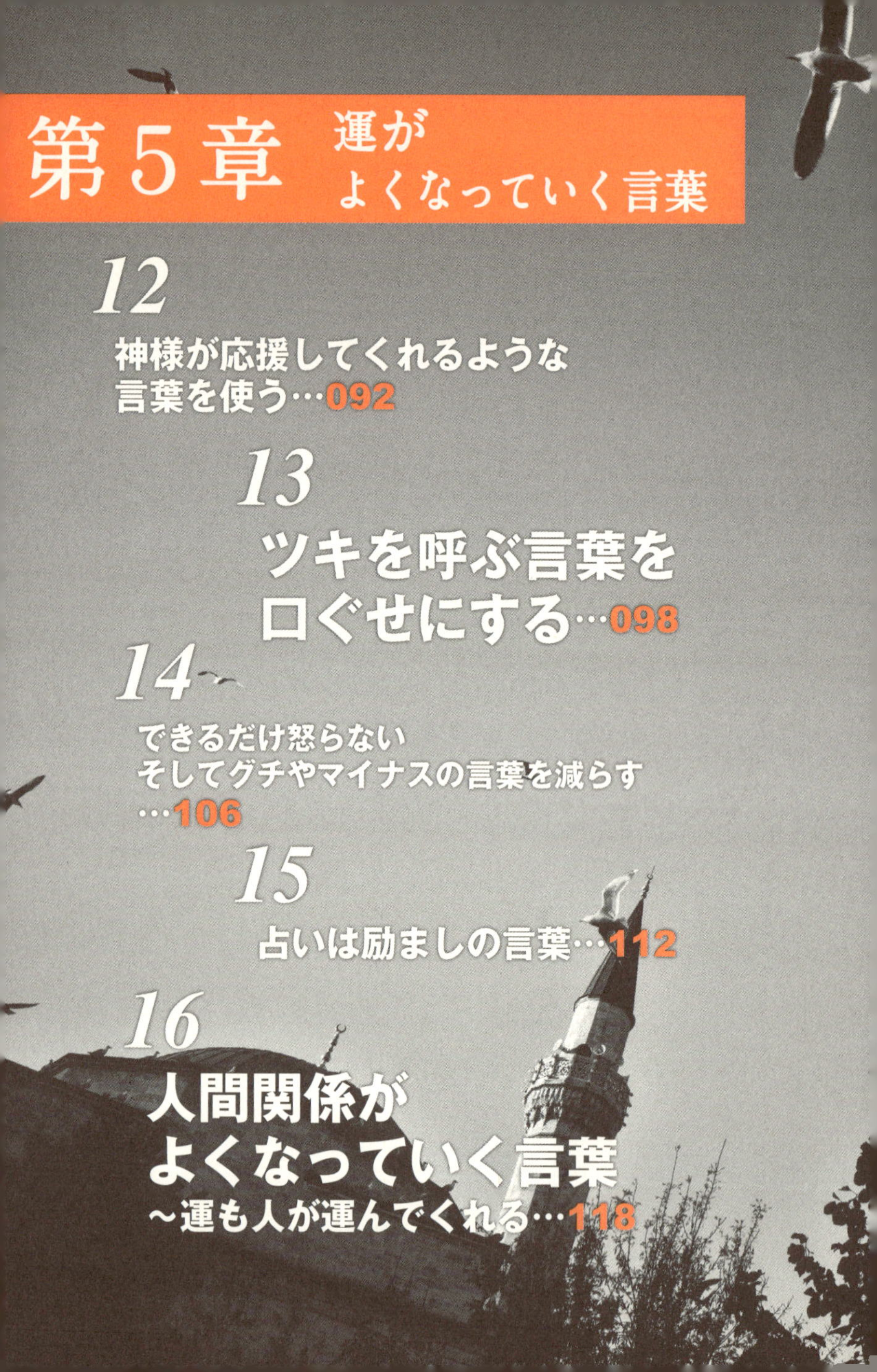

第５章　運が よくなっていく言葉

第6章
夢をかなえていく言葉

Prologue

私は、これまで幅広いジャンルの人たちと交流してきた。

中学生や高校生、会社経営者、芸術家、作家、タレント、そして夜の世界の美しい女性たち……こういう人たちの中で活躍し、自分の人生を大いに楽しんでいる人は、魅力的な言葉を使い、多くの人に好かれ、愛されていた。

そして、こういう人たちは、なぜか運のよい人ばかりなのである。
「神様は、運を、人を介して与える」と言われていることを考えると、うなずけることである。

つまり、「人に好かれて運がよくなっていく」こんなすばらしいことが言葉によって決まるということなのだ。

もちろん、この「人に好かれて運がよくなる言葉や考え方」は、私が生み出したものではない。人類の長い歴史と体験の中から導き出されたり見出されたりした法則のようなものと言ってよいだろう。

私は、ただそれを忠実に学び、表現し、多くの人に伝えたいと思っただけなのだ。

きっかけは、夜の世界でがんばっている若い人たちによく相談されたり、悩みを打ち明けられたりしたことだった。

彼らの悩みや相談事はおおむね次のようなものだった。

「どうして人に好かれないのでしょうか」
「友人がいないんです」
「どうすれば恋人ができるのでしょうか」
「どうすれば運がよくなるのでしょうか」
「他人に信用されていないみたいなんです」
「どうすれば自分の夢をかなえることができるのでしょうか」
「お金持ちになるにはどうすればいいのでしょうか」

私はそのときそのときで、彼らにとって一番適切と思われる言葉を選んでアドバイスしてきたつもりだ。

そして、そのエッセンスを一冊の本にすれば、「人に好かれて運がよくなる、言葉の法則」をもっと多くの人に知ってもらうことができるのではないかと考えるようになった。

こうしてでき上がったのが本書である。

若い人たちがこの本を読み、すてきな言葉を使い、すてきな未来を手に入れてほしいと思っている。

木村 進

第1章
自分に自信を持たせる言葉

01

媚びたことは言わない

人に好かれるためには、まず自分に自信を持つことが大切だ。

自分に自信がないと、他人ははじめからその人に近づいてみよう、親しくしてみよう、つき合ってみようとは思わないものだ。
なぜなら、自分に自信がないということは、言いかえれば自分で自分を信頼していないということになるからだ。
そんな人を人が信頼することはできないし、魅力を感じることもない。

また、自分に自信がないというのは、他人の力にすがって生きようと考えがちな人に見られる。
だから、頼りにならないし、つき合っていくことに対して得るものが何もないということになる。

誰しも、得るものが何もない人とつき合おうとは思わない。この点、人間はまだまだ本音のところでどこかズルイ面があるということも知っておくべきだろう。

私はこれまで、世界中のいわゆる、できるビジネスマンやビジネスウーマンたち、さらには異性によくモテる男性・女性たちとつき合ってきた。
これらの人たちには、ある共通する特徴がある。
それは、**「同性に好かれる」**ということだ。
たとえば、女性であれば女性に好かれ、支持されている。

そして、同性に好かれる人は必ず異性にも好かれる。
女性なら男性にも、男性なら女性にも好かれるのだ。
不思議な法則に見えるが、同性に好かれるというのは、それだけ人としての実力があり、魅力があるということになるのだろう。

また、好かれる人は**媚びたことを言わない。**

019

媚びないということは、自分に自信があるからこそできるものだ。
言いかえれば、**自分に自信を持っている人は、誰にも媚びることなく同性にも異性にも好かれる**というわけだ。

言いたいことは言う
その時は心を込めて言う

甲本ヒロト
（ミュージシャン）

02

自分に自信を持たせる言葉を毎日口にする

人は一人では生きていけない。
なぜなら、ホモ・サピエンス、つまり人間は「人と人との間」に生きる動物だからだ。

人が生きていくためには、家族や恋人はもちろんのこと、同性の仲間も必要なのだ。
そして、その関係をスムーズにし、より強い関係になることを可能にしたのが言葉なのだ。
友情から恋愛、愛情にいたるまで、言葉が重要な役割を果たすわけだ。

だから、「言葉をうまく使えること、うまく活用できること」が、人間として幸せに生きていくための条件となる。
言いかえれば、「言葉をうまく使えること」の利点として挙げられるのが、人に好かれることだ。
そして、その「人に好かれること」は、人間として一番幸せを感じられることなのだ。

では、人に好かれるための言葉にはどんなものがあるのだろうか。
実は、それは自分に自信を持っていることを示す言葉なのだ。

人は、なぜその人と親しくなりたいと思ったり、好ましく思ったりするのだろうか。
そう思う条件とは何なのだろうか。
それはその人が頼りになるほどしっかりしているということが大きなポイントになるのではないだろうか。

人は一人で生きていけないという点からも、このことはよくわかると思う。
さらに、その人とつき合うことによって何か刺激を受けたり得るものがあったりするということも、条件として挙げられるだろう。
だから、前にも述べたように、自分に自信を持っていることが他人から魅力的に見える出発点となるのだ。

ということは、**他人から魅力的に見られるためには、日頃から自分に向かって自信をつける言葉を発していかなければならない**ということになる。

つまり、自分を強くし、魅力的にしていくための**「自分との対話」**をすることが大切なのだ。

Que votre avenir soit radieux.

8

どんな人だって成功できる、
自分にそう何度でも
言い聞かせ続ければ、
絶対に成功できる

ジョン・レノン
（ミュージシャン／イギリス）

03

コンプレックスを力に変える言葉を自分に言い聞かせる

自信の反対側にあるのがコンプレックスだ。
このコンプレックスあるいは劣等感は、必ず克服すべきものである。
なぜなら、コンプレックスにとらわれたままでは人に好かれないうえに、運にも見放されることになるからだ。
しかし、コンプレックスは誰にでもあるものである。
だから、大切なのはそれを力に変えていくことなのだ。
コンプレックスをバネにして自分を強くし、それを自信に変えていくことだ。

20世紀を代表する世界的なファッションデザイナーであるココ・シャネルがよい例だ。
彼女はやせっぽちで、胸もヒップも小さい女性だった。
しかも、孤児院で育てられるという不幸な少女時代を送った。
しかし、ココ・シャネルはこれらのコンプレックスを力に変えていく。

「時代は私を待っている」と自分に言い聞かせ、やせている女性にこそ似合うオリジナルファッション考え出していくのだ。
パンツルックや黒を基調にした服など、それまでの女性服には見られなかった斬新《ざんしん》なアイディアでもって活躍し、社交界でも男性たちにひっぱりだこになるほどだった。

彼女はいわゆる上流階級に属する裕福な男性たちに振り回されることなく、あくまでも自分の生き方に自信を持って貫いていく。
それができたのは、彼女が**「自分こそが自分の人生の主役である」ということを自分に言い聞かせた**からだ。

そして、自分に自信を持って、他人に頼らず生きているからこそ、社交界の男たちが自分に魅力を感じていることをよく知っていたからだ。

同じように、20世紀を代表する映画女優のオードリー・ヘップバーンも、最初はコンプレックスのかたまりだった。
それもそうだろう。あのエラの張った顔、大きな口、高すぎる鼻、やせっぽちの体、小さすぎる胸……当時の美人の概念からは正反対のところにいたのだから。
しかし、彼女もこれらの欠点と見られた特徴を逆に強調することで成功していく。
そして、「私にとって最高の勝利は、ありのままで生きられるようになったこと、自分と他人の欠点を受け入れられるようになったことです」という言葉までのこしている。

つまり、コンプレックスや欠点は、その人の心がけ次第で魅力的なものに変えていくことができるのだ。
自分にしかないオリジナルな魅力にしていくことができるわけだ。

Que votre avenir soit radieux.

第2章
あなたに幸運をもたらす、人を認めてあげる言葉

04

「明日はきっとよくなる」と信じられる言葉を使う

マーガレット・ミッチェル原作の映画「風と共に去りぬ」は、数十年にわたって人気のある作品だ。
とくに女性には、いつの時代も大きな支持を得ているようだ。
きっと、主人公のスカーレット・オハラの生き方に、多くの女性たちが共感するのだろう。

どんなにつらいことがあろうとも、人は明日を信じて生きていきたいのだ。
明日はきっとよくなると信じたいのである。
そして、それを信じて生きている人を、他人も好きになるのだ。

なぜなら、人生とは多くの問題を抱えつつも、それを乗り越えて生きていかなくてはならないものだからだ。
恋愛でのつまずき、友情のひび割れ、結婚の失敗、失業、近親の人たちの死など、すべてを乗り越えていくのが私たちの人生なのだ。

038

悲しいものは確かに悲しい。つらいものは本当につらい。しかし、私たちは前に進んでいかなくてはならない。
だから、「明日はきっとよくなる」と信じて、そのことを周りに示してくれる人こそ、ありがたいのだ。

明日を信じて生きている人は、誰からも好かれるだろう。
しかし、それを行動で見せてくれたり、言葉で表してくれたりする人は、実際にはそう多くはない。

だからこそ、そういう人は貴重であり、誰もが「大事な人」「大切な人」「好きな人」だと思うのだ。

「だいじょうぶ、だいじょうぶ」
「うまくいくよ」
「何とかなるに決まっているよ」
「元気出そうよ」

039

「きっとよくなるよ」

「信じているよ」

「いい感じ」

「ツイてるね」

「なんて幸運なんだろう」

「すばらしい」

こうした言葉をいつも言ってくれる人に、女性も男性も集まっていく。

そして、そういう人にこそ運も向こうから寄ってくるのだ。

なぜなら、**明日を信じる人が、この世を明るく前に進めていくのだから。**

Tu as de la chance!

Tomorrow is another day.

明　日　は　明　日　の　風　が　吹　く

スカーレット・オハラ
『風と共に去りぬ』より

マーガレット・ミッチェル
（作家／アメリカ）

05

相手を認めてあげる言葉を使う

人はつながりを求める動物だ。
つながりを確認できてはじめてホッとして、安心して生きていけるのだ。

このつながりには、大きく分けて二つのものがある。
一つは、親子、兄弟姉妹などの血のつながりである。
親子や兄弟姉妹は、いるだけでつながりを感じることができる。
しかし、実はこの「いるだけ」というのが問題なのだ。
言いかえれば、「いるだけ」では不充分なのだ。

重要なのは、お互いに相手のことを認めて大事に思っているということを、言葉と行動で示すことだ。

とくに子どもは、親の言葉や行動から強い影響を受けるものだ。
たとえば、親に認められ続けてきた子どもは、自分自信を肯定的に捉《とら》えることができる。自分に自信を持てるようになりやすいからだ。
逆に、親に認めてもらえず、けなされてばかりきたような子どもは、自分の存在に自信が持てなくなるのだ。

このことを考えると、女の子の男性観は父親の影響を強く受け、男の子の女性観は母親の影響を受けると言われるのもうなずけるだろう。

なお、子が親の影響を強く受けるのは避けられないことだが、子ども自身が自分の強い心や言葉の力でそれを少しずつ変えていくことはできる。
前に紹介したココ・シャネルなどがそのよい例だ。

もう一つのつながりは、他人に「認めてもらえる」というつながりだ。

人は、家族の中だけでは生きていけないようにできている。だから、家族ではない人から「認めてもらえるかどうか」は最も気になるところなのだ。

なかでも、男という精神の弱さを持っている生き物は、他人とくに女性に認めてもらえる存在であるかどうかを一番気にしている。

だから、男性に一番好かれる女性のタイプは、次のような「認めてあげる言葉」を適切に使える人と言ってよいだろう。

「あなたは大した人だ」
「あなたはいい人だ」
「あなたはできる人だ」
「あなたは優しい人だ」
「あなたはすてきな人だ」
「あなたはカッコイイ人だ」
「あなたは運がいい人だ」
「あなたほどモテる人はいない」

「あなたほど器の大きい人はいない」
「あなたの笑顔はすばらしい」
「あなたの目は輝いている」
「あなたの話はとてもおもしろい」
「あなたの言葉に私は勇気づけられる」
「あなたは人の心をよく理解できる」
「あなたのセンスはすばらしい」
「あなたは何でも知っている」
「あなたは何でもわかっている」
「あなたがいてくれると楽しい」
「あなたはみんなに好かれている」

このような言葉を言ってくれる人ほど、男にとってありがたい存在はないのだ。
もちろん、女性にとってもありがたい存在だ。

だから、このような**「認めてあげる言葉」を自然に言えるようになれば、また、そうした心で見つめてあげ**

られるようになれば、周りの人を幸せにしてあげられるうえにあなた自身が誰からも好かれ、最も幸運な人になっていくのは間違いない。

Tu as de la chance!

あなたは、
あなたであればいい
マザー・テレサ
(修道女／マケドニア)

06

聞き上手になる

他人から好かれる人もいれば、嫌われる人もいる。
嫌われる人の特徴を挙げると、次のようなものになるだろう。

・暗い性格
・我《が》が強すぎる
・他人の悪口だけをずっとしゃべっている
・人の話を聞かない

まず、暗い人は絶対に好かれない。なぜなら、**人は明るい雰囲気に憧《あこが》れるものだからだ。**

ほとんどの人は、いくつかの悩みを持って生きている。
だから、暗い人といると、その悩みがさらに大きくなってしまうように感じるのだ。

また、誰しも人生は楽しいほうがいいに決まっている。
しかし、暗い人とつき合っていると、自分の人生まで暗く、楽しくないものになってしまうのだ。

次に我の強すぎる人だが、すべてにおいて自分中心の人は困ったものだ。
周りは適当に合わせてはいるが、心の中ではきっと「イヤな奴」と思っているだろう。

自分に本当に自信のある人というのは、我が強くない。
実は、我の強すぎる人というのは、自信のなさを別のものでカバーしようと虚勢を張っているだけなのだ。
誰も自分を見てくれないから、「見て、見て！」と強引にアピールするわけだ。

さらに、他人の悪口だけをずっとしゃべっている人も嫌われる。
他人の悪口を適度に話すのはストレス解消にもなってよいものだが、悪口しか言わないのは行き過ぎだ。

ただ、人間にはおかしなところがあって、適度に悪口を言える人でないと、まじめなだけのつまらない人に見られることがある。
だから、悪口はほどほどに、しかも明るい雰囲気で話すことを心がけるとよいだろう。

ところで、人の話を聞くというのはとても難しいことだ。
会話はキャッチボールのようなもので、バランスが大切だからだ。

しかしその一方で、**人はどうしても自分の言いたいことを話したくてしかたがないものだ。**

つまり、相手の話を聞くのはとても大変なことであるにもかかわらず、相手に自分の話を聞いてもらうのは快感なのだ。

だから、人の話を聞くのが上手な人は、ありがたい存在だ。
そんな人を誰も放ってはおかない。
誰もが、その人とどうしても話がしたくなるのだ。
話を聞いてもらいたくなるのだ。
自分の話を聞いてもらえることに幸せを感じるのだ。

ここに、人に好かれるための大きなヒントがある。
そう、**「聞き上手」になること**である。

そして、**聞き上手は、概して「話し上手」でもある。**
人の話をよく聞いてあげるため、逆に自分が話すことに対しても聞く耳を持ってくれて、会話がスムーズに運びやすいからだ。

では、聞き上手になるにはどうすればよいのだろうか。

まずは、集中して相手の話を聞くことである。

気もそぞろでは、相手はがっかりしてしまう。
しかし、長時間集中して話を聞き続けるのは難しいことなので、ダラダラとした会話はできるだけ避けるようにしよう。

次に、相手の目を見て聞き、適度にあいづちを打ってあげることだ。
あいづちの言葉も、できるだけバリエーションを持たせるようにする。

「なるほど」
「確かにそうですね」
「やっぱり！」
「本当ですか」
「わかる、わかる」
「そうなんだよね」
「知らなかった」
「勉強になります」

056

「これは驚いた」

「さすがですね」

「すばらしい！」

「うれしいなあ」

「最高！」

このようにバリエーション豊かなあいづちの言葉を用意しておき、適切なところで用いるのだ。

あとは、いつも好奇心を持って感性を鋭くしておき、問題意識を強めておくとよいだろう。
どんな人からもよいところを吸収していこうとすれば、自分も成長できるし、人の話を熱心に聞けるため、相手にも喜ばれて好かれる人になることができるという一石二鳥の効果がある。

Tu as de la chance!

相手の話に
耳を傾ける
これが
愛の
第一義務だ

ポール・ティリッヒ
（神学者／ドイツ）

第3章
自分を美しくする言葉

07

人は言葉で美しくなれる

人は言葉で美しくなれるものだ。

とくに女性はどんどん美しくなっていくことができるという特性がある。それだけ強い感性を備えていると言っていいだろう。

言葉は、女性を美しく輝かせていくことのできる一番の方法なのだ。

そもそも人間は、その起源からして言葉と大きくかかわっている。つまり、**言葉あっての人間だ**ということだ。

１万3000年前に最後の氷河期が終わり、日本にも森が出現した。
現在の新宿や渋谷あたりにも集落ができて、マンモスや大鹿の狩猟から、木の実などを食糧として採取したりする生活に変化していった。

このように自然の大変化に対応し、そのうえでどんな生活をしていくかについて、**人間は言葉を通じて考え抜いてきた。**
いま私たちがこうして生きているのは、そのおかげである。

「人の美しさとは何か」ということも同じだ。
美しさの基準は言葉で決まる。
つまり、そのときどきの時代の言葉の定義によって、何が美しいのかということが決まるのだ。

たとえば四角い顔、太い眉、ぶ厚いくちびる、肉づきのいい体、少ない髪の毛……これらを持ち合わせている人が美人だということが言葉で確認されたなら、「美人」という言葉はそういう人を指すようになっていくのだ。
つまり顔のつくりだけではなく、言葉でどうにでも変わるのが人間の本質なのであるということを言いたいのだ。

では、現代でいう美人とはどんな人を指すのだろうか。
よく考えると明確な定義があるわけではない。

しかし、外見でのタイプは違えど、「美人」と呼ばれている人に共通しているのは、次に挙げる４点ではないだろうか。

まずは、「人を惹《ひ》きつける存在感がある」ことである。
これは、自分の中にある何かしらの自信から生まれるのだろう。

次に、「目に輝きがある」ことだ。
これは、意欲的で人生に前向きであることから出てくるものだと思う。

さらに、「肌にツヤがあり、みずみずしさをただよわせている」という特徴もあるようだ。
これは心が健康であるということを連想・予想させる。

最後は、「笑顔がすてきである」ことだ。
これは、自分および他人を喜ばせよう、いい気持ちにさせようという心から生まれてくるものではないだろうか。

以上から、次のような「自分を美人にする言葉」を導き出すことができる。

1．人を惹きつける存在感がある

「私は魅力的だ」
「私はみんなに好かれている」
「私は必ず成功する」

2．目に輝きがある

「すべてはうまくいっている」

「私の未来は明るい」

「私は幸せになっていく」

3．肌にツヤがあり、
みずみずしさをただよわせている

「私は美しく輝いている」

「私は健康で、いつも元気である」

「いい人とつき合い、お互いを成長させていく」

4．笑顔がすてきである

「私は明るく前向きである」

「私はいつも人をいい気分にさせる存在である」

「私の笑顔は最高である」

このような言葉を毎日使ったり、１日に何度かとなえていたりすれば、必ずあなたは美しい人になれる。

Je suis(te) satisfaite beaucoup de bonheur.

それにしても、喜びと幸福は、
なんと人間を美しくするものか！
なんと心は愛にわき立つものか！

ドストエフスキー（作家／ロシア）

08

あいさつが気持ちよい人は幸せになる

人間と言葉とは切っても切れないものだ。
そして、**あいさつというのは言葉と心のあり方が結びついたものである。**

会った人に対して、「あなたとよい人間関係をつくっていきたいと思います。よろしくお願いします」とか、「あなたとよい人間関係をつくらせていただけることに感謝しています」というような気持ちを相手に伝える行為なのだ。

では、気持ちよくあいさつのできない人の心の中はどのようなものなのだろうか。
きっと、「私は好かれない人間だからな、自信ないなあ」とか、「こんな人とつき合っていくのは気が進まないなあ」とか、「ほんと、イヤな人なんだよねえ」といったものだろう。

あるいは、人生に対して意欲的でないため、自分から進んで努力するのではなく、「誰かが私を助けてくれないかなあ」などと思っているのではないだろうか。

あいさつの仕方には、その人の人生への取り組み方や心の中の様子が映し出されているのだ。

だから、気持ちのよいあいさつができない人に対して、誰もが「この人は私の敵なのだろうか」「この人は私のことを嫌っているのだろうか」などと強く警戒するのだ。

美しくなっていく人のあいさつがとても感じがよい理由がわかっていただけただろうか。

気持ちのよいあいさつは、日に日にあなたに幸運をもたらしてくれるだろう。

Je vous(te) souhaite beaucoup de bonheur.

私たちがみんなで、
小さな礼儀作法に
気をつけたなら、
人生はもっと暮らしやすくなる

チャールズ・チャップリン
（映画俳優／イギリス）

第4章
ますます好かれる人になる言葉

09

子どものように
好奇心いっぱいに
話す人が好かれる

年齢に関係なく、いつまでも好かれる人がいる。
こういう人たちに共通しているのは、**大人になっても子どものように好奇心いっぱいで、心の中が感動であふれている人であるということだ。**

大学のバンド仲間に、一人の女性がいた。
クラリネットをやっていたその子は、顔は美形とは言えないし、やせっぽちだったが、いつもみんなに注目される存在で、とてもモテていた。
言葉づかいも男っぽいのに、恋人にしたがる男たちがたくさんいたのだ。

あるとき、彼女とデパートのオモチャ売場でばったり会った。
すると彼女は、「これ見て、見てー。これ買ってー。プレゼントしてー」と叫び始めるではないか。

私は恥ずかしくなって、「子どもみたいに叫ぶなよ。

みんな笑ってるぞ」と言うと、「だってさ、こんなにかわいいんだよ、この人形。これを私にプレゼントしない手はないよ。チャンスだよ」と平然とした顔で言うのだ。

私が早々に逃げ帰ったのは言うまでもない。

しかし、なぜか彼女の人気はずっと高かったのだ。
バンドでもレギュラーになれず、年齢も高かった（一度就職をしてから大学に入り直してきたため）のにである。

みんな彼女の感性のおもしろさに魅力を感じていたのだろう。きっと、おばあさんになってもモテているに違いない。

Quelle chance!

雨を
感じることの
できる人もいれば、
ただ濡れるだけの
人もいる

ボブ・マーリー
（レゲエミュージシャン／ジャマイカ）

10

言葉を伝えるときのしぐさにも気を配る

人間関係において、第一印象はとても大事である。
人が一度思い込んだ印象を変えるのは、かなり大変なことだからだ。

そして第一印象というのは、言葉以上にしぐさや表情で決まることも多いものだ。

初対面のときには会話中も相手の品定めを必死にするものだが、それは、言っている内容以上に、どういうしぐさや表情をしているかに自分への本音が表れているということがわかっているからだ。

同じ話を聞く態度にしても、そのうなずき方や目つき、手の動きなどから本心がどこにあるのかなどがわかるものだ。
逆に言えば、しぐさによって、こちらの気持ちを伝えることも可能というわけだ。

人が恋に落ちるときは、その相手のしぐさのかわいらしさ、好ましさからという人もいるほどだ。
相手に対して好意を持っているときのしぐさとしては、一般的に次のようなものがあるだろう。

- **相手が近づいてきたときにさっと立ち上がる（相手が目上の場合は常識、礼儀）**
- **目を見ている**
- **表情をまねる**
- **身を乗り出す**
- **肩など、体に軽く触れる**
- **真剣に話を聞く**
- **あいづちを打ちながら聞き、ポイントのところでは大きくうなずく**

一方、相手に好意を持っていないときのしぐさとしては、次のようなものが挙げられるだろう。

・視線があちこちに飛ぶ、目を見つめない
・目を細めたり、閉じたりする
・話を聞きながらほかのことをやったり、ほかのことが気になっているようなそぶりを見せる
・髪の毛をずっとさわっていたり、手を頭のうしろで組んでいたりする
・平気で話をさえぎる
・いらだったような雰囲気、話を早く終わらせたいような雰囲気をかもし出している
・あいづちがない

人によっても、そのしぐさの表す意味は違う。
だから、自分なりのかわいげのある得意なしぐさをいくつか身につけられると、第一印象をよくしたり、人間関係をスムーズにしたりすることができるだろう。

Quelle chance!

寝るときは
メークはしたまま
夢の中で会う
男のためよ

レディー・ガガ
（ミュージシャン／アメリカ）

11

ちょっとした
ひと言をかける

私はさまざまな国で仕事をしてきたが、その経験の中で身につけた人間関係のテクニックがある。

それは、ちょっとしたひと言をどんどん投げかけておくということだ。

その際には、好意をいっぱい持った心で、明るく投げかけることが大切である。

始まりは現地の飛行場の税関検査だ。
ここでは、できるだけ顔を覚えてもらえるように声をかける。
二度、三度と繰り返して親しくなると、もう顔パスということもある。

次はホテルだ。
ここでもフロントやビジネスセンターのホテルマンたちと顔を合わせるたび、明るいひと言をかけておく。

これを続けていると、いいことづくめだ。

宿泊代を現地割引価格まで割り引いてくれたり、空港・飛行機トラブルなどがあると、すぐ部屋に連絡を入れてくれたりする。仮予約など入れてくれたりして本当に助かる。

そして、職場だ。
外国人同士だから、まずはお互いの信頼を築かねばならない。
とにかく思いやりいっぱいのひと言、笑顔いっぱいのひと言を毎日、連発するのだ。

さらに夜である。
外国の夜は怖いものだ。何が起こるかわからない。
そこで安心できる店を見つけ、そこのマネージャーと友だちになるのだ。タクシーなども同様だ。

信頼できる人のネットワークを築くには、こうした好意あるひと言が大切なのだ。

日本でも、こうした**好意あるちょっとしたひと言を的確にかけられる人は好感を持たれる。**
なぜなら、**笑顔と言葉で受け取る好意は、誰にとってもうれしいものだからだ。**

女性から男性まで、そして子どもからお年寄りまで、性別も年齢も選ばない。

そして、誰からも好感を持たれるこのテクニックを、恋愛に利用しない手はないだろう。
すてきな恋愛をするために、ちょっとしたひと言の気配りをして、あちこちに仲のよい人をつくっておこう。

Quelle chance!

受け取るより、
与えることのほうが
はるかに
嬉しい

ココ・シャネル
（ファッションデザイナー／フランス）

第5章 運が よくなっていく言葉

12

神様が応援してくれるような言葉を使う

神様はどういう人を応援するのだろうか。
どういう人の味方になってくれるのだろうか。

それはズバリ、自分のことは自分で何とかする人であり、そのうえで周りの人の役にも立ちたいと考えている人だ。

神様は、西欧では「創造主」などと呼ばれ、東洋では「天」あるいは「天帝」などと呼ばれる。
つまり、この世を司《つかさど》る存在のことなのだ。

世界中にはさまざまな宗教があるが、それらはすべて、この神様とか創造主とか天などという存在が教えてくれるであろうことを具体的に示してくれているものだ。

日本という国は、まさに神様が愛深く見守る国だ。
しかも、「世界中の神様もどうぞお仲間に」という八《や》百《お》万《よろず》の神がいてくれる国だ。

まさに、世界中の人たちの理想郷のような国なのだ。

世界の歴史を見ると、それは一目瞭然だ。
日本という国だけが奇跡的に平和で、争いのない、
人々が殺し合うことをほとんどしない国なのだ。

その理由としては、やはり神々の共存があって、宗教上の戦争がなかったことを挙げることができるだろう。

人間の歴史、世界の歴史を見てほしい。
一歩ずつ神様が理想とするような世界に進んできているのがわかるだろう。

しかし、まだまだ世界には不幸な出来事も多く起きているし、飢えや差別や暴力、そして戦乱に苦しめられている人も大勢いる。

それを少しずつよい方向に変えていこうというのが、

神様のお考えなのだ。

ぜひ、あなたも神様が応援してくれる人、味方してくれる人になってほしい。

参考までに、神様が応援してくれる人になるための言葉を紹介してみよう。

「私はいつも大丈夫です。しっかりと生きています」
「私は明るく前向きで、プラス思考です」
「私は自分に誇りと自信を持っています」
「私は他人に優しく、愛情深く、思いやりを持って生きています」
「私は他人と争うようなことはしません」
「私は心も体も健康で長寿です」
「私は人生を大いに楽しんでいます」
「私は世界中の文化・文明を愛しています。世界

中の人を愛しています」

「私は自然を愛しています。草花や動物が大好きです」

「私は音楽や芸術が好きです」

「私は読書が好きで、言葉を大切にしています」

このようなことを思い、そして口にする人は、きっと神様が応援してくれるに違いない。

Quel bonheur!

幸運の神様は、
常に用意された人にのみ訪れる

ルイ・パスツール
（生化学者、細菌学者／フランス）

13

ツキを呼ぶ言葉を口ぐせにする

神様は、人が幸せになると喜んでくれるものだ。
決して不幸になってほしいとは思っていないはずだ。

だから、**自分が幸福になるための言葉を使う人、しかもその言葉が自分の人間性も高め、世の中にとっても役立つようなものであれば、神様はそれを使う人をどんどん応援してくれる。**

つまり、そのような言葉を口ぐせにできた人が、どんどんツイてきたり、そしてどんどん幸せになっていったりするのは当然のことなのだ。

18世紀頃から、西欧社会がどんどん発展していって近代文明をつくり出した。

その力の根源になったのが、ベンジャミン・フランクリンに代表される神様と幸福の関係についての考え方、「天は自ら助くる者を助く」という思想だった。

これをフランクリンは、さらに詳しく論じた。

つまり、
「神様は私たちが幸せになることをお喜びになる。だから、私たちはがんばって幸せにならなくてはいけないのだ。私たちは、決して教会や国だけのために生きているのではない。ましてや、領主やご主人様のためだけに生きているのではない。自分が自分を幸せにしていくために生きているんだ。それを神様はお望みになっているのだ」
という考え方だ。

この、
「自分自身の幸福を追求し、それをもって神様の期待に応える」
という思想は、アメリカをはじめイギリス、フランス、ドイツへと広がっていった。

これがアメリカで次々に出てきた成功法則の出発点だ。

すべてはベンジャミン・フランクリンに始まったのだ。
そのため、フランクリンは「人類の友」とも呼ばれている。

彼の考え方は**「正しいプラス思考」**と呼ぶことができるが、これは次の三点を守りつつ、常に前向きに生きていこうというものだ。

- **誠実に生きること**
- **他人に迷惑をかけないこと**
- **自分の人間的成長をはかること**

この三つに合ったプラス思考の言葉を口ぐせにすれば、必ずや神様は喜んでくれて、応援してくれるはずだ。
では、そのツキを呼ぶ言葉の例を紹介しよう。

「ツイている」

「運がいい」

「最高！」

「すばらしい」

「ありがたい」

「ありがとう」

「感謝します」

「おかげさまです」

「お役に立ちたい」

「うれしい」

「幸せ」

「気持ちがいい」

「すがすがしい」

「必ず乗り越えられる」

「きっとよくなる」

「おいしい」

「きれい」

「美しい」

ぜひ、これらを口ぐせにして神様に応援してもらい、
ツキをどんどん呼び込もう。
そして、どんどん幸せになっていこう。

Quel bonheur!

ごめんなさいと
ありがとうは
魔法の言葉
しかも
この魔法はタダ

牧野つくし
『花より男子』より

神尾葉子
（漫画家）

14

できるだけ怒らない
そしてグチや
マイナスの言葉を減らす

神様は正しいプラス思考の人を応援してくれるということをわかっていただけたと思うが、とくに日本の神様は明るい人が大好きだ。
これは、天照大神という名前からしてもよくわかるのではないだろうか。

一方、**神様が最も応援したくない人は、すぐ怒る人である。**
グチやマイナスの言葉ばかりを口にする人も好まれない。

こういう人の運がどんどんなくなっていくのは、神様も嫌っているからだ。

あなたの周りにいる、怒ってばかりの人をよく観察してみてほしい。
自分のみならず、周りの人の運をどんどん奪っているのがわかるはずだ。

ただ、このようなある面の強さを持っている人には、一定の人が従うことも多いものだ。
とくに、怒りや憎しみを全面に押し出しているような人には悪の魅力がある。

自分に自信のない人にとっては、一見、ついて行くとラクなように見えるため、自分の決断する努力を放棄してついて行ったりするのだ。

怪しい宗教の教祖や危ない集団のトップ、いじめの大将などがその典型だろう。

しかし、こういう人について行くと、必ず不幸になってしまう。
なぜなら、世の中は善良な人、まじめな人が明るく楽しく平穏に、そして幸せに暮らしていこうとする方向に進んでいるからだ。
それが、この世界を司る天や創造主たちの考え方だからだ。

だから、**怒りや憎しみ、他人をいじめる方向に力を発揮する人は、最終的に必ず天や神から見放されることになる。**
もちろん、世の中の人たちからも嫌われていくことになる。

グチやマイナスの言葉も同じだ。
グチやマイナスの言葉を発するくらいなら、自分がまずそれを変えていくように**プラスの思考を持ち、プラスの言葉を使えばよいのだ。**

ただ、グチやマイナスの言葉を口にするのが一種の口ぐせや習慣になっている場合もある。
だから、グチが多い人は自覚して、少しずつ変えていくことが大切だろう。

ぼくは
口が裂けても、
アキラメロ
などとは
言わない

岡本 太郎
(芸術家)

15

占いは励ましの言葉

日本では占いが盛んに行われている。
テレビも新聞も雑誌も、占いを取り上げない日がないほど人気がある。

なぜ、これほどまでに流行しているのだろうか。
それは、**人は励ましの言葉が欲しい生き物だから**だ。

とくに日本は八百万の神様がいる国だから、何か一つだけを信じ、その教えだけを守っていればいいということはない。とてもおおらかな国なのだ。

だから、逆に、何か日々の指針が欲しい、自分を戒《いまし》めてくれる言葉、背中を押してくれる言葉があると助かるということになる。

ただ、なかにはタメにならない占いもあるようだ。
たとえば、自分を否定してしまうような占いである。
占いは人生の指針にするためにあるものだから、その

114

目的に反する占いは信じてはいけない。

また、雰囲気がいかにも暗い占いもよくないだろう。なぜなら、暗すぎるものは幸せを呼ぶ占いとは言えないからだ。

世界をよい方向に変えていきたい、プラス思考の人を応援したい神様も、暗すぎるものは嫌う。

さらには、お金がかかりすぎるというのもよくない占いだ。
人を励ましたり、背中を押してあげたりするのに、そんなにたくさんのお金を要求するのはおかしな話だろう。

単にお金欲しさのために占いを利用する人も世の中にはいるので、注意が必要だ。

私は占いを職業としている人と何人も親しくしているが、彼らを支えているのは、「人が幸せになっていくことをお手伝いできる仕事に就けて幸せである」という気持ちだ。

もし、このような考え方を持っていない占い師がいたら、その人は本物ではない。

多くの成功者たちも占いの言葉を励みにしたと言われている。
ぜひ、励みになる言葉、正しいプラス思考にもとづいている言葉を適切に述べてくれたり、正しい方向を教えてくれたり、励ましてくれたりする占いの言葉を大事にしよう。

そうすれば、運も間違いなくよくなってくるだろう。

Quel bonheur!

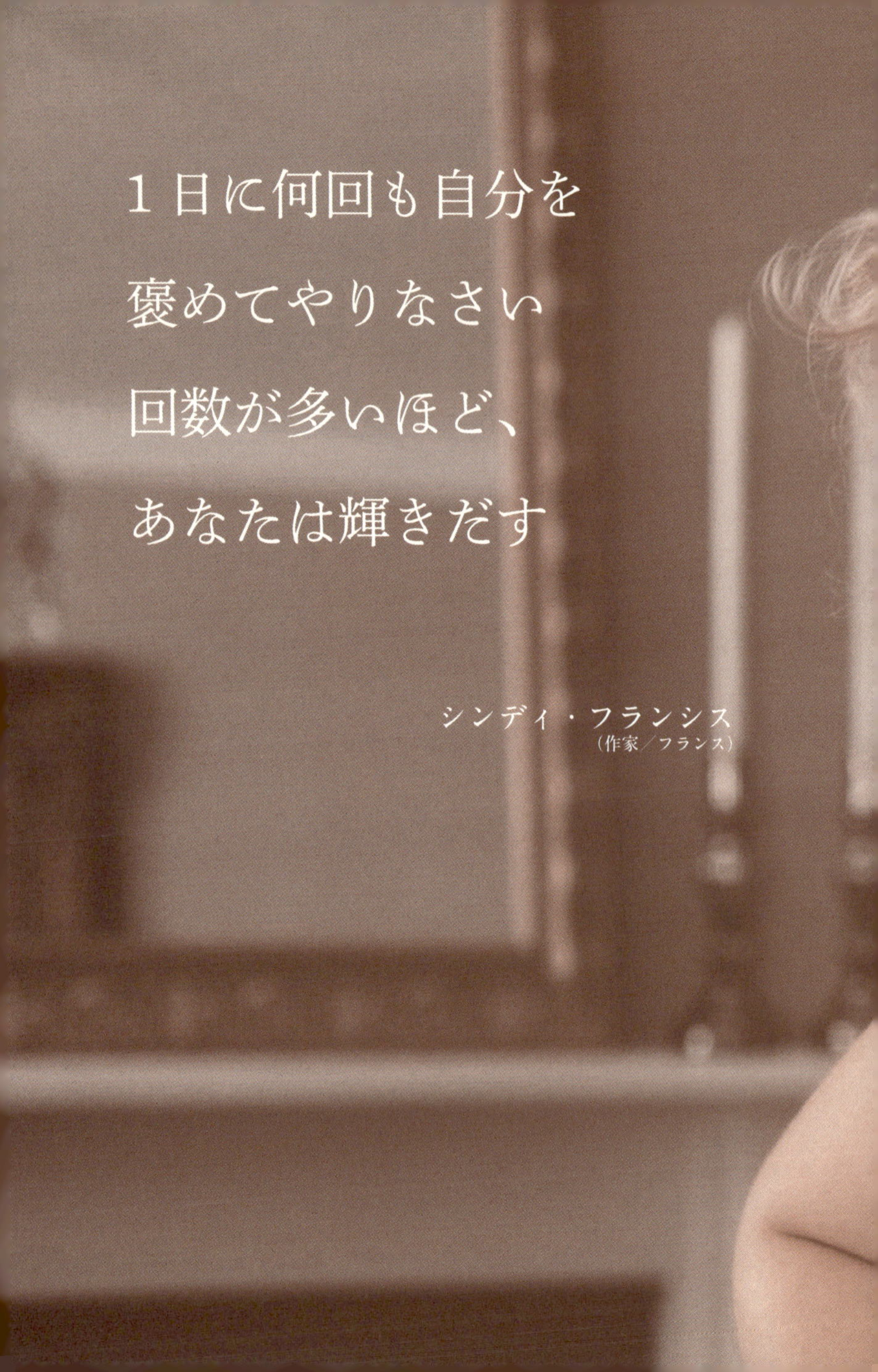

1日に何回も自分を
褒めてやりなさい
回数が多いほど、
あなたは輝きだす

シンディ・フランシス
（作家／フランス）

16

人間関係がよくなっていく言葉

～運も人が運んでくれる

運がよい人の人間関係を見るとわかることがある。
それは、悪い人がだんだんそこから離れていくということだ。

運がよい人というのは、前にも述べたように明るく前向きで、プラス思考の生き方をしている。
しかも、誠実に生きよう、他人に迷惑をかけずにいよう、他人の役に立ちたいと考えている人だ。

さらに、前向きなプラスの言葉を使っている。
つまり、雰囲気が明るく爽《さわ》やかで、元気な人なのだ。

このような人は、自然と悪い人とはつき合わないようになる。
だから、悪い人がだんだん離れていくことになるわけだ。

ここで言う悪い人とは、誠実でない生き方をする人、他人に迷惑をかけたり傷つけたりする人、人としての成長など考えてもいないし、できない人のことだ。

当然、暴力的な言葉や他人を否定する言葉など、マイナスの言葉や暗い言葉のオンパレードだ。

つまり、悪い人というのは、運がよい人とは正反対の生き方をする人と考えてよいだろう。
そして、悪い人は世の中にまだまだたくさんいるのだ。

前に述べたように運のよい人は悪い人とつき合わなくなっていくものなので、当然のことながら、悪い人がつき合う相手も同じ悪い人か、運の悪い人たちになる。

孔子も論語の中で、
「つき合ってはいけない人とつき合わない人が賢い人だ」
と言っている。

だから私たちも、運がよくなる人間関係をつくらなければならない。

神様が運をもたらしてくれるのは、人を介してのことが多いものだ。
その「人」が悪い人であろうはずがないのだ。

では、そういうよい人間関係をつくるにはどうすればいいのだろうか。

やはり、まず自分が運がよくなる言葉をたくさん使うことだ。

そして、運を遠ざけてしまう言葉を多く使う人をできるだけ避けることだ。

その人が自分の人生を反省して運のよくなる言葉を使い出したときに、はじめて親しくつき合うようにするとよいだろう。

すでに悪い人とつき合っている人は、だんだんとその人から離れるように心がけよう。

とは言っても、そういう人は必ず離れていくものだ。もともと運のよくなっていくあなたとは合わない人なのだから。

Quel bonheur!

本当の贅沢というものは、
たったひとつしかない
それは人間関係という贅沢だ

サン＝テグジュペリ
（作家／フランス）

第6章
夢をかなえていく言葉

17

夢は言葉から始まる

夢をかなえていくのが、私たちの人生のあり方だ。
それに対して遠慮をするのは、とてもいけないことだ。

なぜなら人間は夢を持ち、それがたとえとても難しいものであっても、一歩一歩近づけることによって、ここまで進歩してきたのだから。

そもそも人間は、食べるものを確保することに全力を尽くしてきた。
お腹いっぱいに食べることが夢だったのだ。
だから、食べていけるために大抵のことはがまんしてきた。

がまんというより、それを言葉にすることすらできなかったと言ったほうが正しいかもしれない。

しかし、そこに夢を言葉にする人が出始めた。

「私は好きな仕事をしてみたい」
「私は好きなものを食べたい」
「私は好きな人と結婚したい」
「私は好きなあの人と恋愛がしたい」
「私は好きなところに行ってみたい」
「私は自由に暮らしたい」

それをきっかけにして少しずつ時代は動いていき、夢が夢でなくなっていったのだ。

食べるものを自分で選ぶことができるようになった。
職業も自分で選べるようになった。

結婚をする、しないも、自分の意思で決められるようになった。

誰と結婚するのかも、いまでは本人の承諾なしには決めることができない。

髪型をどうしようが、どんな服を着ようが、どんな言葉を使おうが、それも基本的に自由だ。

何を勉強しようと、どこに学ぼうと、誰に教わろうと、それは本人の意思と努力次第だ。

「空を飛ぶ」という夢を言葉にしてから、人は飛行機を創り出している。

また、食べ物を腐らせずに保存し、いつでも食べたいときに食べたいと言って、人は冷蔵庫や冷凍庫を創り出した。

さらに、遠くにいる人と会話をしたい、いつでもどこでも会話をしたいと言って、人は電話を創り出し、それが携帯電話、さらにはインターネットへと進展していった。

130

すべては、夢を語り始めることから始まったのだ。
言いかえれば、言葉にしなければ、何も始まらなかったのだ。

だから、たとえばあなたに好きな人がいるなら、その人の名前を口にしたり紙に書いたりすればいいのだ。
やりたいことがあるなら、それも言葉にすればいいのだ。

「私は○○が好きです」
「私は○○をやります」
「私は○○を手に入れます」
「私は○○となります」
「私は○○を実現します」

自分の好きなもの、めざすこと、欲しいものをまず言葉にすることから夢をかなえる第一歩は始まる。

そして、言葉にし続けることによって、必ずそれに近づいていけるのだ。

Bon voyage !

朝起きる度に俺の未来が始まる

マイルス・デイビス
（ジャズトランペット奏者／アメリカ）

18

夢日記のすすめ

夢を言葉にしたら、次はそれをより明確にしていこう。

そうすることによって、お金のかからない言葉の魔法が、より強い効果を発揮し始める。

たとえば、自分の夢が実現したときの様子を日記としてつづっていくのもよいだろう。

日記を書くことにより、まず夢が鮮明になり始める。夢に関する言葉が増え、より現実に近い映像が浮かんでくる。

そうなると夢が夢ではなくて、次第に現実のこととして感じられるようになるだろう。

たとえば好きな人がいるならば、あなたとその人が会話をしている風景とか、すてきな恋愛をしている様子などを具体的に日記として書いてみるのだ。

将来自分がどういうところに住んで、どんな生活やどんな仕事をしているかなどを具体的につづってみるのだ。

それを続けているうちに、だんだん夢がまるで当然起こるべきことのように思えてくるはずだ。
そこまでくると、夢実現まであと少しとなる。

夢手帳もいい。
手帳に自分の夢と目標を書き込むのだ。そして毎日それをながめ、何かしらコメントをつける。
つまり、毎日が自分の夢に向かう過程なのだ。これこそ人生のだいご味と言えるのではないだろうか。

夢の地図を書くのもよいだろう。
自分の夢に関した写真や、夢をイラストや言葉にしたものを部屋の壁や机の前に貼るのだ。

あるＪリーガーは、小学生のときにテレビでブラジルのジーコ選手のプレーを見て、すっかりその虜《とりこ》になったそうだ。
そしてジーコ選手の写真を集めて自分の机の前に貼り、「プロのサッカー選手になる」と書いたそうだ。

それは、日本にまだプロサッカーチームがなかった頃のことだった。

するとどうだろう。
10年後には日本にプロサッカーリーグができて、ジーコ選手が入団したのだ。

そして、同じチームにその選手も入団できたのだ。
しかも同じポジションでプレーをし、「ジーコの後継者」とまで呼ばれるようになったのだ。

私にも似たような経験がある。

私は20代のとき、初めてアメリカ西海岸を旅行した。
そのときは英語がほとんど話せなかったが、なぜか「いずれここで仕事をするぞ」と誓った。
そして、それを友人にも宣言したのだ。

さらに東南アジアを旅行し、やっぱり海外で仕事をしてみたいと考えた。

まず、小さなマンションをもう一つ借りて、部屋中を海外仕様にした。
音楽は洋楽、ビールは外国産、植物は熱帯植物だ。
風呂やトイレ中では、英語の集中学習に取り組んだ。
もちろん、通勤電車の中でもだ。

すると、いつの間にか、海外で仕事をしている自分がいた。

ぜひ、あなたも自分の夢を言葉にしてみてほしい。さらには、より具体的な日記や手帳、地図、部屋などにしていってほしい。

そうすれば、夢はきっとかなうはずだ。

Bon voyage !

夢見る力のない者は
生きる力もない

エルビス・プレスリー
（ロックンロールミュージシャン／アメリカ）

19

イメージと言葉の力

おいしい料理をつくるときも、本を書くときも、絵を描くときも、スポーツをするときも、**まずはイメージが先行する。**

私たちの中にあるそのイメージが私たちを引っぱってくれて、イメージどおりの結果まで導いてくれるのだ。

イメージで物事が完成したら、まず大丈夫だ。
イメージトレーニングの重要性が叫ばれているのはそのためである。

以前、ＮＨＫテレビの「プロジェクトＸ」の中で、世界中の心臓外科医から「神の手」とまで呼ばれた日本人外科医の須磨久善さんが取り上げられていた。
彼は、手術の前に手術の最初から最後までを自分の中でシミュレーションし、イメージを完成させるそうだ。
それが完成しないかぎり、手術には入れないとのことだった。

大リーガーのイチロー選手も松井秀喜選手も、自分の目標のイメージを固めてからシーズンに入ると明言していた。

また、作家の村上春樹さんは、神宮球場の外野席でヤクルトスワローズの試合を見ているときに、「小説を書こう！」と決断したという。
おそらく、このときに一冊目の小説のイメージが明確になったはずだ。あとはそのイメージを追っていけば、自然とペン（キーボード）が動いてくれるのだ。

イメージがいかに大切かということは、私たちも本能的に知っている。
しかし、それを活用しきれているかというと、必ずしもそうではない。まだまだ十分に生かせていない人が多いのではないだろうか。
もちろん、私もまだまだである。

イメージをフルに活用するためには、まず言葉を使ってイメージを創り始めなくてはならない。

夢日記がいいと言うのは、前にも述べたように、言葉にすることによってイメージをはっきりさせてくれるからなのだ。

言葉にすることによってイメージが固まったら、それに合わせた目標設定をする。
これには具体的な日付と年限を入れるとよいだろう。
自分がやりたいこと、やるべきことがはっきりと見えてくるからだ。

目標設定ができたら、次はその目標に達するための具体的な方法を考える。そして、何より大切なのは日々の実践だ。
最初に「イメージで物事が完成すれば大丈夫」だと述べたが、それは日々の実践あってのことなのだ。

どんなにおいしい料理がイメージできたとしても、自分でつくるには訓練と工夫が求められる。
さらに、どんなによい本がイメージできたとしても、自分のボキャブラリーが足りなかったり、読書量が足りなかったりすると、本を書くレベルにはなれない。

しっかりとしたイメージに向かって、私たちは成長していく。
そして、そのためには実践や努力が不可欠だ。
その努力を励ますため、リードするため、つまり、私たちの成長のために夢がある、イメージがあると言ってもよいだろう。

Bon voyage !

ブルースは簡単に弾ける
だが、感じるのは難しい

ジミ・ヘンドリックス
（ミュージシャン、ギタリスト／アメリカ）

20

言葉にした夢は
かなうようになっている

あなたの夢はかなうようになっている。
なぜなら、あなたがその夢を言葉にし、イメージにし、口に出しているからだ。

これを、「無理だ」「ダメだ」と否定しないようにしてほしい。

つい口に出してしまったときは、
「とは思わないよ。すべてはうまくいっているんだ」
と言いかえるのだ。

そして、少なくとも朝起きたらすぐに自分の夢や目標、自分を信じる言葉などを読んだり、口に出したりしてほしい。

ただ、ここで一つだけ注意しなければならないことがある。
それは、夢にも段階があるということだ。

そして、夢は成長をしていくということだ。

たとえば、「世界一のお金持ちになる」という夢を掲げたとしよう。
この夢を一生追いかけてもいいと思う。そして、それはかなうかもしれない。かなわない夢など存在しないからだ。

しかし、そのためにはそれ相応の体験と努力が求められることになる。

そして、一代で世界一のお金持ちになるとすると、まともなことをやっていたのでは難しいはずだ。当然、その代償として失うものも出てくるだろう。

ちなみにいま、世界一のお金持ちと言われているのは、ビル・ゲイツやウォーレン・バフェットといった人たちである。

(ただ、本当の世界一のお金持ちが誰なのかは、誰も知らない。なぜなら、資産の分散をしているからだ)

彼らも最初から「世界を代表する大金持ちになる」と決めていたわけではないだろう。

ビル・ゲイツであれば、まずはコンピューターの世界で成功したい、バフェットであれば、まずは投資家として成功したいというレベルだったのではないかと思う。

そして、小さな成功を重ねていくうちに夢も成長し、目標もだんだん高くなっていったのだろう。

彼らとて、いきなり「世界一」を掲げたのでは失敗というか、大きな挫折も味わわなければならなかったかもしれない。

何が言いたいのかというと、最終目標としての大きな夢を持ちつつも、もう少し現在の自分にふさわしい夢の実現から出発するほうが、よけいな苦労をしなくてもよいのではないかということだ。

たとえばお金であれば、まずは「300万円貯める」などということから始めてはどうだろうか。

仕事がらみであれは、「年収500万円になる」とか、「○○の資格を取る」、「昇進する」などというのはどうだろう。

自分の夢が一つ実現するたびに、次の大きな夢にステップアップしていくというのがよいと思う。

Bon voyage !

夢を語ろう、夢を実現するために

ブルース・スプリングスティーン

（シンガーソングライター／アメリカ）

21 最高の未来を創るために

おまえの口からついて出る
言葉が、
お前を生かすのだ
おまえの口からついて出る
言葉が、
お前を殺すのだ

ボブ・マーリー

自分を破壊するのも
創造するのも、
自分自身

マドンナ

自分を直視することより、
他人を批判するほうが簡単だ

ジョージ・ハリスン

20代で知っておくべき言葉12

今を戦えない者に、
次や未来を語る資格はない

ロベルト・バッジョ

自分の中の
最高の、
さらに
その上を
僕は目指す

ポール・マッカートニー

白馬にまたがった王子様を
待っているなんてダメ
自分の将来は、自分で
切り開いていかなきゃね

キャメロン・ディアス

俺は何度も何度も失敗した
打ちのめされた
それが、
俺の成功した理由さ

マイケル・ジョーダン

自分の悪いところは全部個性になるし、
人生でおかしてきた間違いが
魅力になるの

アンジェリーナ・ジョリー

この世に
生を受けたこと
それ自体が
最大のチャンス
ではないか！

アイルトン・セナ

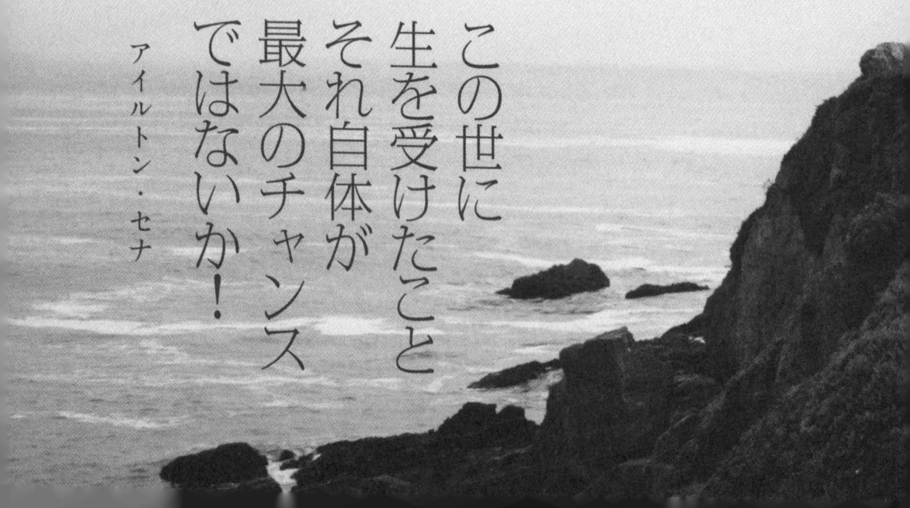

人生とは、何回呼吸を
するかではなく、
何度息をのむほどの
瞬間が
あるかどうかだと思う

ビヨンセ

**やるしかないのに、
そんな簡単なことの
わからない人間が
多すぎる**

ジョー・ストラマー

**出る杭は打たれる言うけど、
出すぎた杭は打たれないんや**

本田圭佑

木村《きむら》 進《しん》

1964年東京生まれ。
さまざまな職業を経て、現在はサービス業を中心とした経営コンサルタントとして活躍する。また、世界各地のサービス業調査も行う。
人生における言葉の重要性に気づいて以来、言葉の研究に取り組み、多くの人へ「運命を好転させるための言葉の使い方」のアドバイスを行っている。

※本書は、『人に好かれて運がよくなる言葉』（総合法令出版）を大幅に加筆修正したものです。

20代のうちに知っておきたい 言葉のルール21

2012年 9 月 3 日 初版発行
2013年 5 月 7 日 4刷発行

著 者 木村 進
発行者 野村 直克
ブックデザイン 土屋 和泉
写真 Gettyimages / Thinkstock
発行所 総合法令出版株式会社
〒107-0052
東京都港区赤坂1-9-15 日本自転車会館2号館7階
電話 03-3584-9821(代)
振替 00140-0-69059

印刷・製本 中央精版印刷株式会社

 ISBN978-4-86280-324-5
落丁・乱丁本はお取替えいたします。
総合法令出版ホームページ http://www.horei.com/